CHARACTER BOOK
寫字簿
for

Chinese Link

中 文 天 地

Zhōng　　Wén　　Tiān　　Dì

Beginning Chinese

Second Edition

Traditional/Simplified Character Version

吳素美　　　于月明　　　張燕輝　　　田維忠
Sue-mei Wu　　Yueming Yu　　Yanhui Zhang　　Weizhong Tian

Prentice Hall

Boston　Columbus　Indianapolis　New York　San Francisco　Upper Saddle River
Amsterdam　Cape Town　Dubai　London　Madrid　Milan　Munich　Paris　Montréal　Toronto
Delhi　Mexico City　São Paulo　Sydney　Hong Kong　Seoul　Singapore　Taipei　Tokyo

D0209604

Senior Acquisitions Editor: Rachel McCoy
Editorial Assistant: Noha Amer
Publishing Coordinator: Kathryn Corasaniti
Executive Marketing Manager: Kris Ellis-Levy
Senior Marketing Manager: Denise Miller
Marketing Coordinator: William J. Bliss
Senior Media Editor: Samantha Alducin
Development Editor for Assessment: Melissa Marolla Brown
Media Editor: Meriel Martinez
Senior Managing Editor: Mary Rottino
Associate Managing Editor: Janice Stangel
Senior Production Project Manager: Manuel Echevarria
Senior Manufacturing and Operations Manager, Arts and Sciences: Nick Sklitsis
Operations Specialist: Cathleen Petersen
Senior Art Director: Pat Smythe
Art Director: Miguel Ortiz
Cover Image: Jochen Helle
Full-Service Project Management: Margaret Chan, Graphicraft Limited
Printer/Binder: Bind-Rite Graphics
Cover Printer: Demand Production Center
Publisher: Phil Miller

This book was set in 12/15 Sabon by Graphicraft Ltd., Hong Kong.

Printed in the United States of America
10 9 8 7 6 5 4 3 2 1

Prentice Hall
is an imprint of

www.pearsonhighered.com

ISBN 10: 0-205-78298-1
ISBN 13: 978-0-205-78298-7

目錄 (目录)　CONTENTS

你

④ nǐ: you 你好!

⑥ rén 人（亻）
person

② 你　③ 你　⑤ 你 你 你 你 你 你 你

⑦

學

④ xué: (學生: student) 學生

⑥ zǐ 子
child

② 學　③ 学　⑤ 學 學 學 學 學 學 學 學 學
學 學 學

⑦

学

④ xué: (学生: student) 学生

⑥ zǐ 子
child

② 學　③ 学　⑤ 学 学 学 学 学 学 学

⑦

Guide to students

1) Character with its stroke order indicated by numbers

2) Traditional form of the character

3) Simplified form of the character

4) Pinyin pronunciation, grammatical usage, and sample sentences or phrases

5) Stroke order illustrated by writing the character progressively

6) Radical of the character with its Pinyin pronunciation and meaning

7) Dotted graph lines to aid students' practice

Note:

Detailed information is presented once for characters with no difference between traditional and simplified form (e.g. 你). For characters which have different traditional and simplified forms detailed information will first be presented for the traditional character, and then for its simplified counterpart (e.g. 學 and 学).

Lesson 1   Greetings
第一課 問候　(第一课 问候)

你

nǐ: you 你好！

你 你 你 你 你 你 你 你

rén 人 (亻)
person

好

hǎo: good 你好！

好 好 好 好 好 好 好

nǚ 女
female

是

shì: to be 我是學生。

是 是 是 是 是 是 是 是 是

rì 日
sun

學	學 学	xué: (學生: student) 學生	zǐ 子 child

學 學 學 學 學 學 學 學 學
學 學 學

学	學 学	xué: (学生: student) 学生	zǐ 子 child

学 学 学 学 学 学 学 学

生	生 生	shēng: (學生: student) 學生	shēng 生 produce

生 生 生 生 生

嗎	嗎 吗	ma: (Part.) 你是學生嗎?	kǒu 口 mouth

嗎 嗎 嗎 嗎 嗎 嗎 嗎 嗎 嗎
嗎 嗎

吗	嗎	吗	ma: (Part.) 你是学生吗?						kǒu 口 mouth
			吗	吗	吗	吗	吗	吗	

我	我	我	wǒ: I, me 我是學生。						gē 戈 spear
			我	我	我	我	我	我	

呢	呢	呢	ne: (Part.) 你呢?						kǒu 口 mouth
			呢	呢	呢	呢	呢	呢	

也	也	也	yě: also, too 我也是學生。						yǐ 乙 second
			也	也	也				

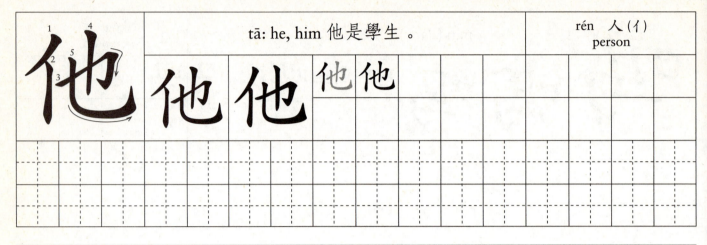

他		他是學生。tā: he, him		他	他				rén 人（亻）person

不		bù: no, not 不是		不	不	不	不		yī 一 one

老		lǎo: (老師: teacher) 老師	老	老	老	老	老	老	lǎo 耂 old

師	師 师	shī: (老師: teacher) 老師	師	師	師	師	師	師	師	師	師	jīn 巾 napkin

| 师 | 師 师 | 师 师 师 师 师 师 | | | | | |

shī: (老师: teacher) 老师

jīn 巾
napkin

Lesson 2　Names
第二課　名字　(第二课　名字)

您	nín: (for politeness) you 您好								xīn　心 (忄) heart
	您	您	您	您	您	您	您	您	

貴	guì: noble, honored; expensive 您貴姓?								bèi　貝 shell
	貴	贵	貴 貴	貴 貴	貴 貴	貴	貴	貴	

贵	guì: noble, honored; expensive 您贵姓?								bèi　貝 (贝) shell
	貴	贵	贵	贵	贵	贵	贵	贵	贵

姓	姓	姓	xìng: family name 我姓李。						nǚ 女 female
			姓 姓 姓 姓 姓 姓 姓						

請	請	请	qǐng: please (請問: May I ask...) 請問						yán 言 word
			請 請 請 請 請 請 請 請 請 請 請						

请	請	请	qǐng: please (请问: May I ask...) 请问						yán 言（讠） word
			请 请 请 请 请 请 请 请 请						

問	問	问	wèn: ask (請問: May I ask...) 請問						kǒu 口 mouth
			問 問 問 問 問 問 問 問 問 問						

| 问 | | 問 | 问 | 问 | 问 | 问 | 问 | 问 | 问 | kǒu 口 mouth |

wèn: ask (请问: May I ask...) 请问

| 的 | | 的 | 的 | 的 | 的 | 的 | 的 | 的 | 的 | 的 | bái 白 white |

de: (Part.) 我的名字

| 英 | | 英 | 英 | 英 | 英 | 英 | 英 | 英 | 英 | 英 | 英 | cǎo 艸 (艹) grass |

Yīng: English 英文

| 文 | | 文 | 文 | 文 | 文 | 文 | 文 | wén 文 literature |

wén: language, writing 中文

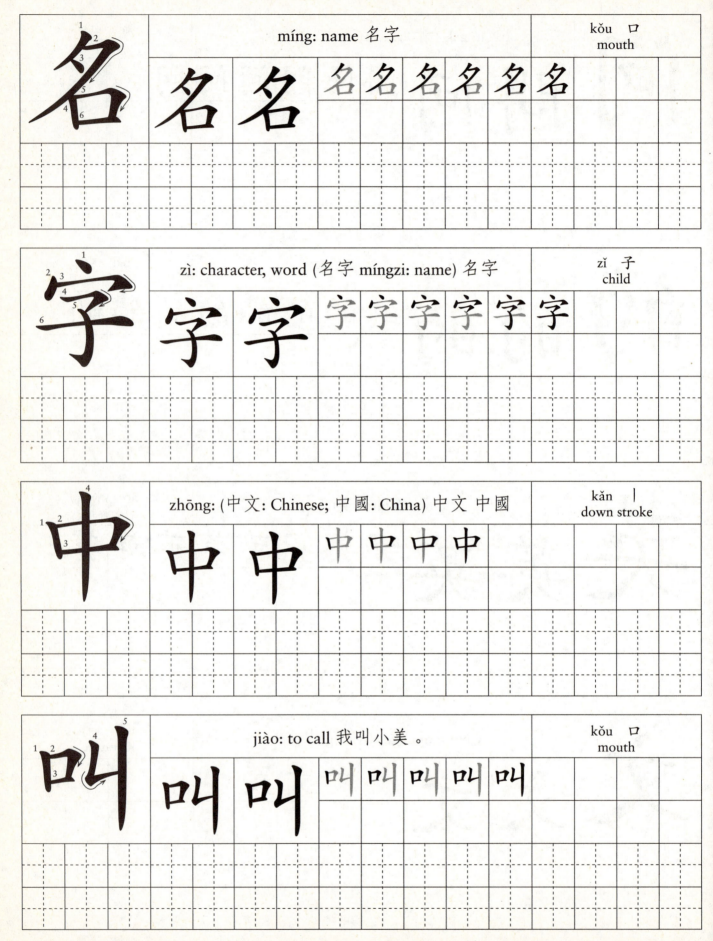

	míng: name 名字							kǒu 口 mouth
名	名	名	名	名	名	名	名	名

	zì: character, word (名字 míngzi: name) 名字							zǐ 子 child
字	字	字	字	字	字	字	字	字

	zhōng: (中文: Chinese; 中國: China) 中文 中國							kǎn ∣ down stroke
中	中	中	中	中	中	中		

	jiào: to call 我叫小美。							kǒu 口 mouth
叫	叫	叫	叫	叫	叫	叫	叫	

什	shén: (什麼: what) 什麼	rén 人 (亻) person

什 什 | 什 什 什 什

麼	me: (什麼: what) 什麼	má 麻 hemp

麼 么 | 麼 麼 麼 麼 麼 麼 麼 麼 麼
麼 麼 麼

么	me: (什么: what) 什么	piě 丿 left slanted stroke

麼 么 | 么 么 么

她	tā: she, her 她呢?	nǚ 女 female

她 她 | 她 她 她 她 她 她

誰	誰	谁	shéi: who, whom 她是誰?									yán 言 word
			誰	誰	誰	誰	誰	誰	誰	誰	誰	

谁	誰	谁	shéi: who, whom 她是谁?									yán 言(讠) word
			谁 谁	谁	谁	谁	谁	谁	谁	谁	谁	

同	同	同	tóng: same, similar (同學: classmate) 同學						kǒu 口 mouth
			同	同	同	同	同	同	

Lesson 3   Nationalities and Languages
第三课 國籍和語言　(第三课 国籍和语言)

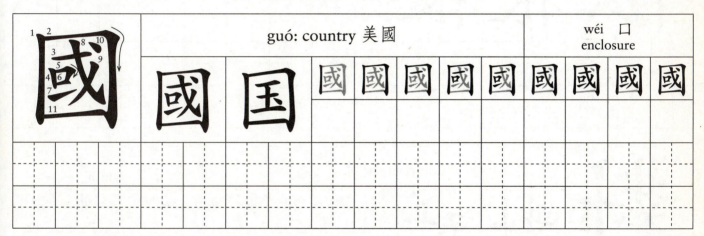

			nǎ: which 哪國人									kǒu 口 mouth
哪	哪	哪	哪	哪	哪	哪	哪	哪	哪	哪	哪	

			guó: country 美國									wéi 口 enclosure
國	國	国	國	國	國	國	國	國	國	國		

			guó: country 美国									wéi 口 enclosure
国	國	国	国	国	国	国	国	国	国	国		

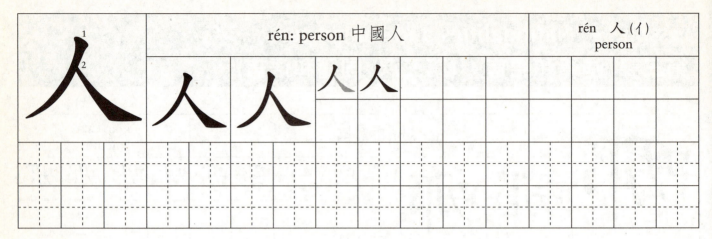

			rén: person 中國人					rén 人 (亻) person
人	人	人	人 人					

			hěn: very 很好					chì 彳 step
很	很	很	很 很 很 很 很 很 很 很 很					

			duì: correct 對了。					cùn 寸 inch
對	對	对	對 對 對 對 對 對 對 對 對 對 對 對 對					

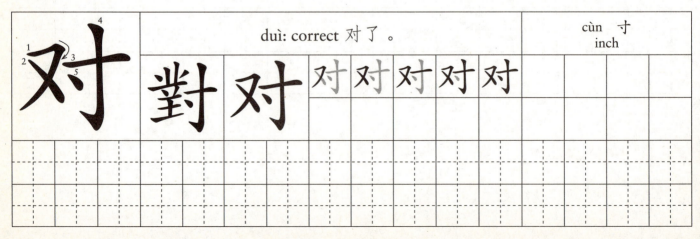

			duì: correct 对了。					cùn 寸 inch
对	對	对	对 对 对 对 对					

了

le: (Part.) 對了。

jué ∫
hook

了 了 了 了

法

fǎ: France 法國

shuǐ 水(氵)
water

法 法 法 法 法 法 法 法 法

美

měi: USA 美國

yáng 羊
sheep

美 美 美 美 美 美 美 美 美 美 美

說

shuō: speak 說中文

yán 言
word

說 说 說 說 說 說 說 說 說

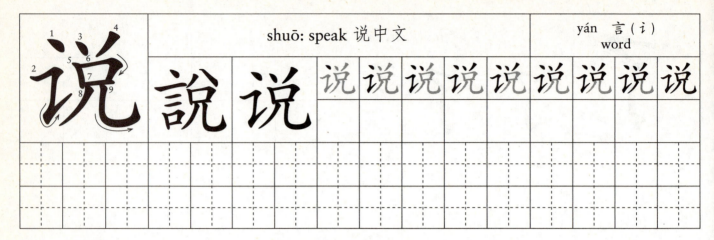

								yán 言 (讠) word
shuō: speak 说中文								
说	说	说	说	说	说	说	说	说

								rì 日 sun
huì: can 會說中文								
會	會	會	會	會	會	會	會	會
會	會	會						

						rén 人 (亻) person
huì: can 会说中文						
会	会	会	会	会	会	

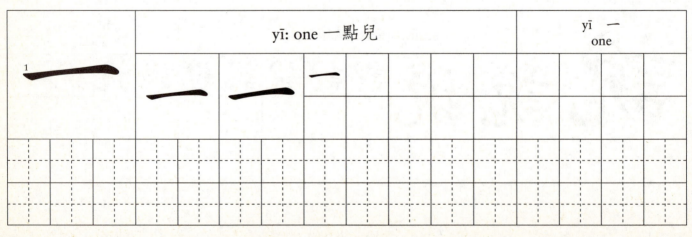

			yī 一 one
yī: one 一點兒			
一	一	一	

點	diǎn: dot 一點兒										hēi 黑 black
點 点	點	點	點	點	點	點	點	點	點		
	點	點	點								

点	diǎn: dot 一点儿										huǒ 火 (灬) fire
點 点	点	点	点	点	点	点	点	点	点		

兒	ér: (retroflex ending) (一點兒: a little bit) 一點兒									ér 儿 walking man
兒 儿	兒	兒	兒	兒	兒	兒	兒	兒		

儿	ér: (retroflex ending) (一点儿: a little bit) 一点儿								ér 儿 walking man
兒 儿	儿	儿							

和 hé: and 我和你

kǒu 口
mouth

和 和 和 和 和 和 和 和 和

Lesson 4   Studies
第四課 學習   (第四课 学习)

	nà: that 那是								yì 邑 (阝) city	
那	那	那	那	那	那	那	那	那		

	shū: book 英文書								yuē 曰 say	
書	書	书	書	書	書	書	書	書	書	書
	書									

	shū: book 英文书						gǔn 丨 down stroke	
书	書	书	书	书	书	书		

		zhè: this 這是									chuò 辵(辶) motion
這	這	这	這	這	這	這					

		zhè: this 这是									chuò 辵(辶) motion
这	這	这	这	这	这	这	这	这	这		

		běn: (M.W.) 一本書									mù 木 wood
本	本	本	本	本	本	本	本				

		gōng: work (工程: engineering) 工程									gōng 工 work
工	工	工	工	工	工						

程	程	程	chéng: (工程: engineering) 工程								hé 禾 grain
			程	程	程	程	程	程	程	程	程
			程	程	程						

難	難	难	nán: difficult 不難								zhuī 隹 short-tailed birds
			難	難	難	難	難	難	難	難	難
			難	難	難						

难	難	难	nán: difficult 不难								zhuī 隹 short-tailed birds
			难	难	难	难	难	难	难	难	难
			难								

太	太	太	tài: too 太難			dà 大 big
			太	大	太	太

可		kě: but (可是: but) 可是							kǒu 口 mouth	
	可 可	可	可	可	可					

功		gōng: (功課: homework; assignment) 功課							lì 力 strength	
	功 功	功	功	功	功	功				

課		kè: class (功課: homework; assignment) 功課							yán 言 word	
	課 課	課	課	課	課	課	課	課	課	

课		kè: class (功课: homework; assignment) 功课							yán 言 (讠) word	
	課 课	课 课	课	课	课	课	课	课	课	

多		duō: many, much 很多							xī 夕 night
	多	多	多	多	多	多	多	多	

們		men: (used after a personal pronoun or a noun to show plural number); (他們: they) 我們									rén 人 (亻) person
	們	们	們	們	們	們	們	們	們	們	
			們								

们		men: (used after a personal pronoun or a noun to show plural number); (他们: they) 我们						rén 人 (亻) person
	們	们	们	们	们	们	们	

少		shǎo: few, little 不少					xiǎo 小 small
	少	少	少	少	少	少	

Lesson 4 ■ *Studies*

Lesson 5   Introductions
第五課 介紹　(第五课 介绍)

		péng: friend (朋友 péngyou: friend) 朋友									ròu 肉（月） meat
朋	朋	朋	朋	朋	朋	朋	朋	朋	朋		

		yǒu: friend (朋友 péngyou: friend) 朋友					yòu 又 right hand
友	友	友	友	友	友		

		lái: come 我來介紹一下。									rén 人（亻） person
來	來	来	來	來	來	來	來	來	來	来	

来	來 来	lái: come 我来介绍一下。		来 来 来 来 来 来 来		yī 一 one

介	介 介	jiè: (介紹: introduce) 介绍		介 介 介 介		rén 人（亻） person

紹	紹 绍	shào: (介紹: introduce) 介绍		紹 紹 紹 紹 紹 紹 紹 紹		mì 糸 silk

绍	紹 绍	shào: (介绍: introduce) 介绍		绍 绍 绍 绍 绍 绍 绍		mì 糸（纟） silk

| 下 | xià: down; get off (一下: a little) 一下 | | | | | | yī 一 one |

下 下 下 | 下 下 下

| 室 | shì: room 室友 | | | | | | | | | mián 宀 roof |

室 室 | 室 室 室 室 室 室 室 室 室

| 有 | yǒu: have 我有 | | | | | | ròu 肉 (月) meat |

有 有 | 有 有 有 有 有 有

| 幾 | jǐ: how many 幾個 | | | | | | yāo 幺 small |

幾 几 | 幾 幾 幾 幾 幾 幾 幾 幾

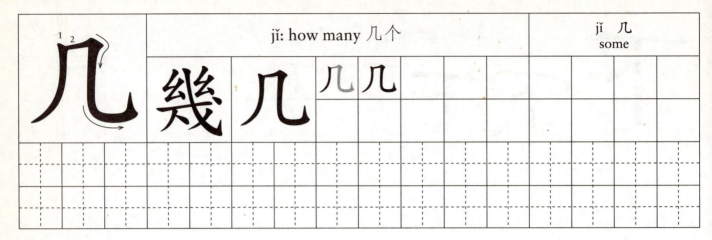

	jǐ: how many 几个					jǐ 几 some	
幾	几	几	几				

	liǎng: two 兩個						rù 入 enter	
兩	两	兩	兩	兩	兩	兩	兩	兩

	liǎng: two 两个					yī 一 one	
兩	两	两	两	两	两	两	两

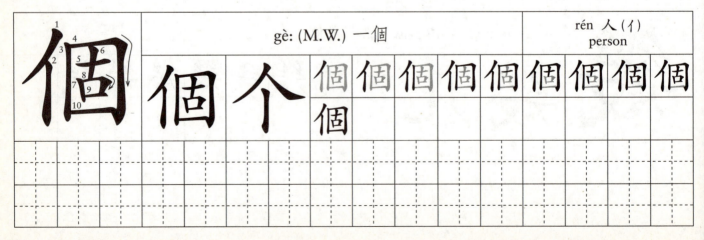

	gè: (M.W.) 一個					rén 人 (亻) person	
個	个	個	個	個	個	個	個	個
		個						

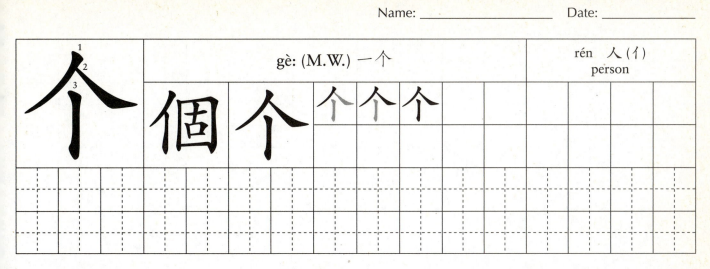

| 个 | 個 | 个 | 个 | 个 | 个 | | | | |

gè: (M.W.) 一个

rén 人（亻）
person

| 都 | 都 | 都 | 都 | 都 | 都 | 都 | 都 | 都 | 都 |
| | | | 都 | | | | | | |

dōu: all; both 都是

yì 邑（阝）
city

| 常 | 常 | 常 | 常 | 常 | 常 | 常 | 常 | 常 | 常 |

cháng: often 常說中文

jīn 巾
napkin

| 跟 | 跟 | 跟 | 跟 | 跟 | 跟 | 跟 | 跟 | 跟 | 跟 |
| | | 跟 | 跟 | 跟 | | | | | |

gēn: with 跟他

zú 足
foot

Lesson 6   Family
第六課 家　(第六课 家)

家			jiā: home (大家: all; everybody) 我的家							mián 宀 roof
	家	家	家	家	家	家	家	家	家	家
			家							

大			dà: big (大家: all; everybody) 大家				dà 大 big
	大	大	大	大	大		

從			cóng: from 從中國來							chì 彳 step
	從	从	從	從	從	從	從	從	從	從
			從	從						

从	從 从	从 从 从 从		cóng: from 从中国来	rén 人（亻）person

在	在 在	在 在 在 在 在 在		zài: at; in 在美國	tǔ 土 earth

四	四 四	四 四 四 四 四		sì: four 四個	wéi 口 enclosure

爸	爸 爸	爸 爸 爸 爸 爸 爸 爸 爸		bà: dad 爸爸	fù 父 father

媽	媽	妈	媽 媽			nǚ 女 female

妈	媽	妈	妈 妈 妈 妈 妈 妈			nǚ 女 female

mā: mom 妈妈

姐	姐	姐	姐 姐 姐 姐 姐 姐 姐 姐			nǚ 女 female

jiě: older sister 姐姐

作	作	作	作 作 作 作 作 作 作			rén 人 (亻) person

zuò: (工作: work) 工作

| 男 | 男 男 | nán: male 男朋友 | 男 男 男 男 男 男 男 | tián 田 land |

| 沒 | 沒 沒 | méi: (沒有: don't have, doesn't have) 沒有 | 沒 沒 沒 沒 沒 沒 沒 | shuǐ 水 (氵) water |

| 没 | 没 没 | méi: (没有: don't have, doesn't have) 没有 | 没 没 没 没 没 没 没 | shuǐ 水 (氵) water |

| 輛 | 輛 辆 | liàng: (measure word for vehicles) 兩輛車 | 輛 輛 輛 輛 輛 輛 輛 | chē 車 vehicle |

辆	liàng: (measure word for vehicles) 两辆车									chē 車 (车) vehicle
	辆	辆	辆	辆	辆	辆	辆	辆	辆	辆
	辆	辆								

車	chē: car 美國車							chē 車 vehicle
	車	车	車	車	車	車	車	車

车	chē: car 美国车					chē 車 (车) vehicle
	車	车	车	车	车	车

隻	zhī: (M.W.) 一隻狗								zhuī 隹 short-tailed birds
	隻	只	隻	隻	隻	隻	隻	隻	隻

只	隻 只	只 只 只 只 只		zhī: (M.W.) 一只狗		kǒu 口 mouth

狗	狗 狗	狗 狗 狗 狗 狗 狗 狗 狗		gǒu: dog 一隻狗		quǎn 犬 (犭) dog

愛	愛 爱	愛 愛 愛 愛 愛 愛 愛 愛 愛		ài: love 我愛我的家		xīn 心 (忄) heart

爱	愛 爱	爱 爱 爱 爱 爱 爱 爱 爱 爱 爱		ài: love 我爱我的家 。		zhǎo 爪 (爫) claw

Lesson 7　Addresses
第七課　地址　(第七课　地址)

		zhù: live 住在							rén 人(亻) person	
住	住	住	住	住	住	住	住	住		

		sù: put up for the night (宿舍: dorm) 宿舍							mián 宀 roof	
宿	宿	宿	宿	宿	宿	宿	宿	宿	宿	
		宿	宿							

		shè: house (宿舍: dorm) 宿舍							rén 人(亻) person	
舍	舍	舍	舍	舍	舍	舍	舍	舍	舍	

號			hào: number 號碼								hǔ 虍 tiger's stripes
	號	号	號	號	號	號	號	號	號	號	號
			號	號							

号			hào: number 号码						kǒu 口 mouth
	號	号	号	号	号	号	号		

房			fáng: house 房間							hù 戶 door
	房	房	房	房	房	房	房	房	房	房

間			jiān: room 房間						mén 門 door
	間	间	間	間	間	間	間	間	

间	間 间	jiān: room 房间						mén 門 (门) door
		间	间	间	间	间	间	间

電	電 电	diàn: electricity 電話						yǔ 雨 rain
		電 電 電 電 電 電 電 電 電 電 電 電						

电	電 电	diàn: electricity 电话						tián 田 land
		电	电	电	电	电		

話	話 话	huà: word (電話: phone) 電話						yán 言 word
		話	話	話	話	話		

话			huà: word (电话: phone) 电话							yán 言 (讠) word
	話	话	话	话	话	话	话	话	话	话

小			xiǎo: small 很小							xiǎo 小 small
	小	小	小	小	小					

碼			mǎ: (號碼: number) 號碼							shí 石 stone
	碼	码	碼	碼	碼	碼	碼	碼		

码			mǎ: (号码: number) 号码							shí 石 stone
	碼	码	码	码	码	码	码	码	码	码

	èr: two								èr 二 two		
二	二	二	二 二								

	sān: three								yī 一 one		
三	三	三	三 三 三								

	wǔ: five								èr 二 two		
五	五	五	五 五 五 五								

	liù: six								tóu 亠 cover		
六	六	六	六 六 六 六								

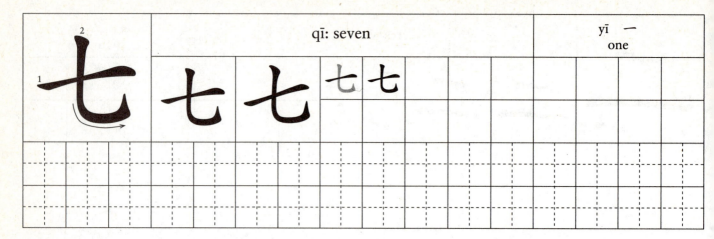

	qī: seven						yī 一 one
七	七	七	七	七			

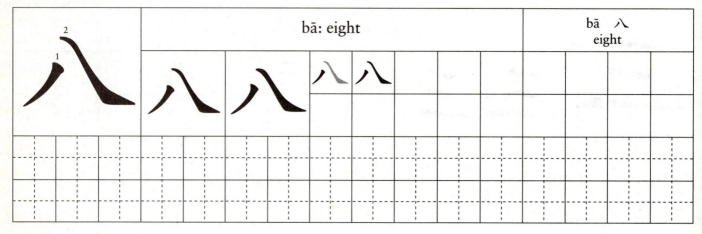

	bā: eight						bā 八 eight
八	八	八	八	八			

	jiǔ: nine						yǐ 乙 second
九	九	九	九	九			

	shǒu: hand 手機						shǒu 手 (扌) hand
手	手	手	手	手	手	手	

機						mù 木 wood

jī: machine (手機: cell phone) 手機

機 机 機 機 機 機 機

机						mù 木 wood

jī: machine (手机: cell phone) 手机

機 机 机 机 机 机 机 机

校						mù 木 wood

xiào: school 校外

校 校 校 校 校 校 校 校 校 校 校
校

外						xī 夕 night

wài: outside 校外

外 外 外 外 外 外 外

Lesson 8 Meeting and Making Plans
第八課 見面、相約 (第八课 见面、相约)

rèn: (認識 rènshi: know, recognize) 認識		yán 言 word

認 认 認認認認認認認認

rèn: (认识 rènshi: know, recognize) 认识		yán 言 (讠) word

認 认 认认认认

shí: (認識 rènshi: know, recognize) 認識		yán 言 word

識 识 識識識識識識識識識識

| 识 | 識 识 | shí: (认识 rènshi: know, recognize) 认识 | | 识 识 识 识 识 识 识 | | yán 言 (讠) word |

识 識 识 | 识 识 识 识 识 识 识

shí: (认识 rènshi: know, recognize) 认识

yán 言 (讠)
word

去 去 去 | 去 去 去 去 去

qù: go 去哪兒

sī ㄙ
private; cocoon

上 上 上 | 上 上 上

shàng: get on, go to (上課: attend class) 上課

yī 一
one

以 以 以 | 以 以 以 以

yǐ: (以後: after; later) 以後

rén 人 (亻)
person

後 後 后　　　hòu: behind (以後: after; later) 以後　　　chì 彳 step

後 後 後 後 後

后 後 后　　　hòu: behind (以后: after; later) 以后　　　kǒu 口 mouth

后 后 后 后 后 后

事 事 事　　　shì: matter, thing, business 事兒　　　jué 亅 hook

事 事 事 事 事 事 事 事

想 想 想　　　xiǎng: want 我想　　　xīn 心 (忄) heart

想 想 想 想 想 想 想 想 想

			huí: return 回宿舍				wéi 口 enclosure	
回	回	回	回	回	回	回			

			qǐ: (一起: together) 一起					zǒu 走 walk	
起	起	起	起	起	起	起	起	起	起
			起						

			chī: eat 吃飯				kǒu 口 mouth	
吃	吃	吃	吃	吃	吃	吃	吃	

			fàn: meal 吃飯				shí 食(飠) food	
飯	飯	饭	飯	飯	飯	飯	飯	飯	飯
			飯	飯	飯				

| 饭 | fàn: meal 吃饭 | | shí 食 (饣) food |
| 飯 饭 | 饭 饭 饭 饭 饭 饭 饭 | | |

| 菜 | cài: dish 日本菜 | | cǎo 艸 (艹) grass |
| 菜 菜 | 菜 菜 菜 菜 菜 菜 菜 菜 菜 菜 菜 | | |

| 今 | jīn: (今天: today) 今天 | | rén 人 (亻) person |
| 今 今 | 今 今 今 今 | | |

| 天 | tiān: day 今天 | | yī 一 one |
| 天 天 | 天 天 天 天 | | |

次	次 次	cì: order, sequence (下次: next time) 下次	次 次 次 次 次 次	bīng 冫 ice

怎	怎 怎	zěn: (怎麼樣: how) 怎麼樣	怎 怎 怎 怎 怎 怎 怎 怎 怎	xīn 心 (忄) heart

樣	樣 样	yàng: appearance; sample (怎麼樣: how) 怎麼樣	樣 樣 樣 樣 樣 樣 樣 樣 樣 樣 樣	mù 木 wood

样	樣 样	yàng: appearance; sample (怎么样: how) 怎么样	样 样 样 样 样 样 样 样 样	mù 木 wood

行

xíng: okay

xíng 行
walk

行 行　行 行 行 行 行 行

再

zài: again (再见: see you, goodbye) 再见

jiōng 冂
borders

再 再　再 再 再 再 再 再

見

jiàn: see (再见: see you, goodbye) 再见

jiàn 見
see

見 见　見 見 見

见

jiàn: see (再见: see you, goodbye) 再见

jiàn 见 (见)
see

见 见　见 见 见 见

Lesson 9 Phone Calls
第九課 打電話 (第九课 打电话)

	dǎ: hit; play (打電話: make a phone call) 打電話						shǒu 手 (扌) hand
打	打	打	打 打 打 打 打				

	wèi (wéi): hello, hey							kǒu 口 mouth
喂	喂	喂	喂 喂 喂 喂 喂 喂 喂 喂 喂 喂					

	děng: wait 等一下兒						zhú 竹 (⺮) bamboo
等	等	等	等 等 等 等 等 等 等 等 等 等 等 等				

知			zhī: know 知道						shǐ 矢 arrow
	知	知	知	知	知	知	知	知	

道			dào: road, talk (知道: know) 知道						chuò 辵 (辶) motion
	道	道	道 道	道	道	道	道	道	道 道

謝			xiè: thanks 謝謝						yán 言 word
	謝	谢	謝 謝	謝	謝	謝	謝	謝	謝

谢			xiè: thanks 谢谢						yán 言 (讠) word
	謝	谢	谢 谢	谢	谢	谢	谢	谢	谢

	ba: (Part.) 你是小美吧?						kǒu 口 mouth
吧	吧	吧	吧	吧	吧	吧	吧

	máng: busy 很忙						xīn 心 (忄) heart
忙	忙	忙	忙	忙	忙	忙	忙

	zhèng: in process of 正在						zhǐ 止 stop
正	正	正	正	正	正	正	正

	kàn: see, watch 看電視						mù 目 eye
看	看	看	看	看	看	看	

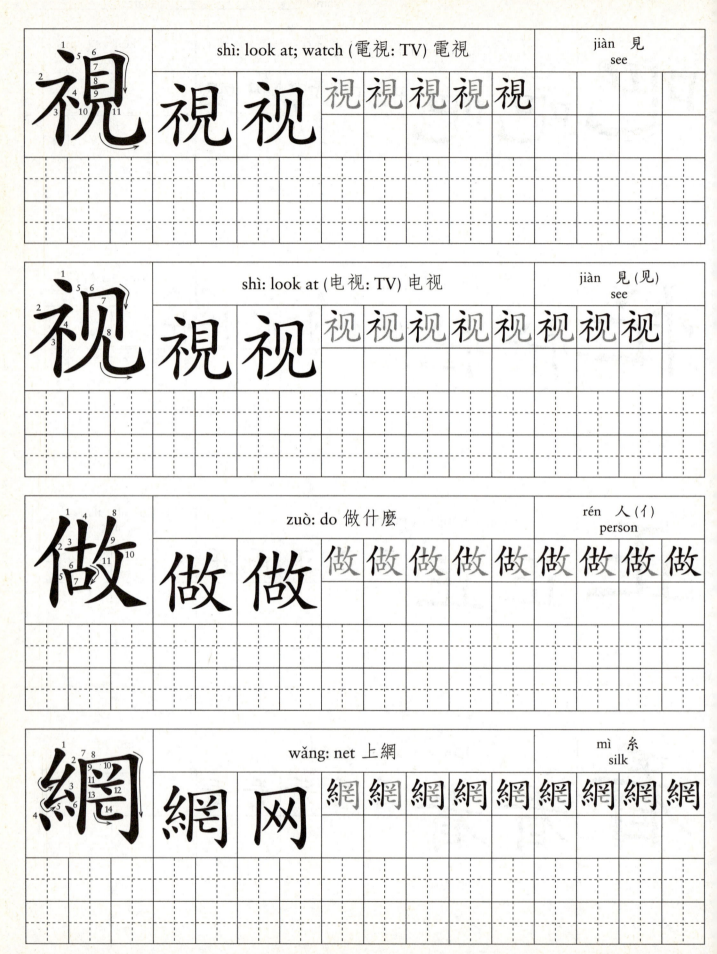

	shì: look at; watch (電視: TV) 電視							jiàn 見 see
視	視	視	視	視	視	視	視	

	shì: look at (电视: TV) 电视							jiàn 見 (见) see
视	视	视	视	视	视	视	视	视

	zuò: do 做什麼							rén 人 (亻) person
做	做	做	做	做	做	做	做	做

	wǎng: net 上網							mì 糸 silk
網	网	網	網	網	網	網	網	網

网	wǎng: net 上网						jiōng 冂 borders	
	網 网	网	网	网	网	网		

就	jiù: (我就是: this is he/she speaking) 我就是							wāng 尢 crooked	
	就 就	就 就	就	就	就	就	就	就	就

位	wèi: (measure word for people, polite form) 哪位						rén 人 (亻) person	
	位 位	位	位	位	位	位	位	

留	liú: leave; remain (留言: leave message) 留言							tián 田 land	
	留 留	留 留	留	留	留	留	留	留	留

言			yán: speech, words 留言					yán 言 word
	言	言	言	言	言	言	言	

時			shí: time 時候				rì 日 sun	
	時	时	時 時	時	時	時	時	時 時 時

时			shí: time 时候				rì 日 sun	
	時	时	时	时	时	时	时	时 时

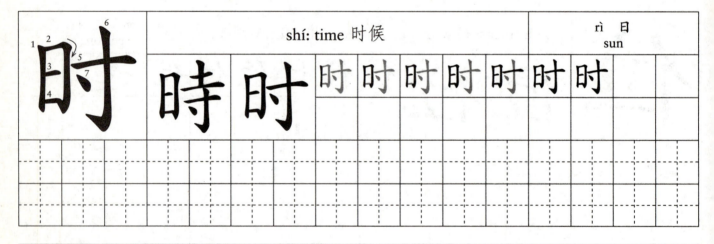

候			hòu: time (時候 shíhou: time) 時候				rén 人 (亻) person	
	候	候	候 候	候	候	候	候	候 候 候

| 晚 | 晚 | 晚 | wǎn: night 晚上 | | | 晚 | 晚 | 晚 | 晚 | 晚 | 晚 | 晚 | 晚 | rì 日
sun |

| 要 | 要 | 要 | yào: want, desire 要不要 | | | 要 | 要 | 要 | 要 | 要 | 要 | 要 | 要 | 要 | yà 西 (西)
cover |

| 給 | 給 | 给 | gěi: give; for, to 給我 | | | 給 | 給 | 給 | 給 | | | | | mì 糸
silk |

| 给 | 給 | 给 | gěi: give; for, to 给我 | | | 给 | 给 | 给 | 给 | 给 | 给 | 给 | 给 | mì 糸 (纟)
silk |

Lesson 10   Time and Schedules
第十課 時間表　(第十课 时间表)

活	huó: live (生活: life) 生活					shuǐ 水 (氵) water
	活	活	活 活			

期	qī: a period of time (學期: semester) 學期							ròu 肉 (月) meat
	期	期	期	期	期	期	期	期	期

門	mén: (M.W.) 五門課				mén 門 door
	門	门	門 門		

	mén: (M.W.) 五门课							mén 門 (门) door
门	門	门	门	门	门			

	měi: every, each 每天							mǔ 母 mother
每	每	每	每	每	每	每	每	每

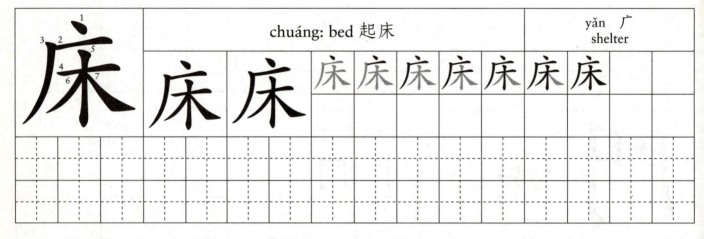

	chuáng: bed 起床							yǎn 广 shelter
床	床	床	床	床	床	床	床	床

	shuì: (V.) sleep 睡觉							mù 目 eye
睡	睡	睡	睡	睡	睡	睡	睡	睡

| 覺 | 覺 觉 | jiào: (N.) sleep 睡覺 | | | 覺 覺 覺 | | | | jiàn 見 see | | |

| 觉 | 覺 觉 | jiào: (N.) sleep 睡觉 | | | 觉 觉 觉 觉 觉 觉 觉 觉 觉 | | | | jiàn 見 (见) see | | |

| 半 | 半 半 | bàn: half 十二點半 | | | 半 半 半 半 半 | | | | shí 十 ten | | |

| 才 | 才 才 | cái: (used before a verb to indicate that sth. is rather late) 我十二點半才睡覺。 | | | 才 才 才 | | | | yī 一 one | | |

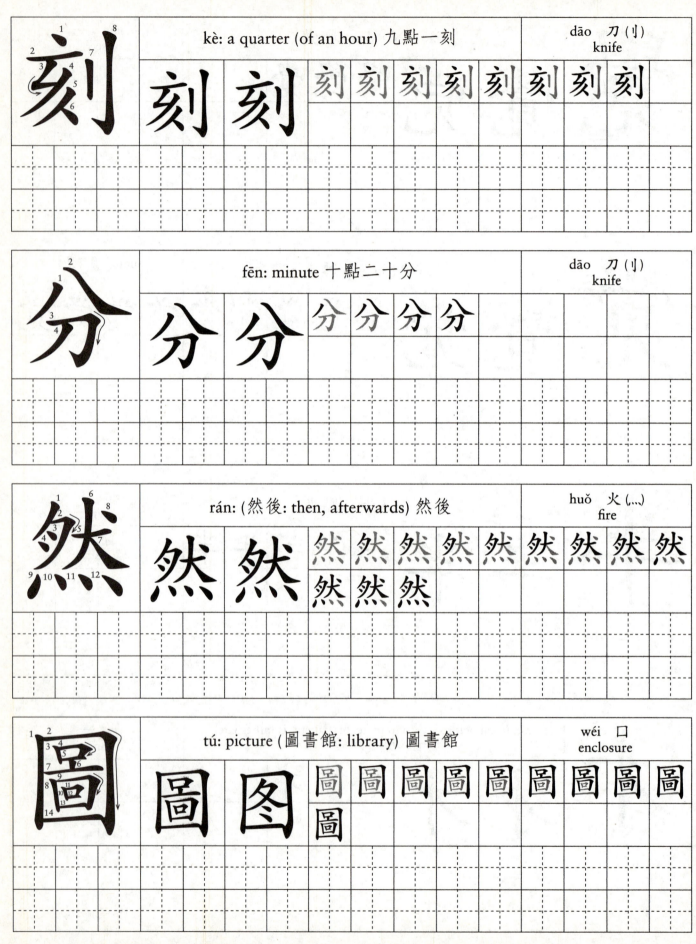

刻	kè: a quarter (of an hour) 九點一刻									dāo 刀 (刂) knife
分	fēn: minute 十點二十分									dāo 刀 (刂) knife
然	rán: (然後: then, afterwards) 然後									huǒ 火 (灬) fire
圖	tú: picture (圖書館: library) 圖書館									wéi 囗 enclosure

图	tú: picture (图书馆: library) 图书馆									wéi 口 enclosure
	圖	图	图	图	图	图	图	图	图	图

館	guǎn: house, hall 圖書館								shí 食(飠) food
	館	馆	館	館	館	館	館	館	館

馆	guǎn: house, hall 图书馆								shí 食(饣) food
	館	馆	馆	馆	馆	馆	馆	馆	馆
			馆	馆					

午	wǔ: noon 下午				shí 十 ten
	午	午	午	午	午	午

喜	xǐ: happy; like 喜歡								kǒu 口 mouth
喜	喜	喜	喜	喜	喜	喜	喜	喜	喜

歡	huān: joyfully (喜歡: like) 喜歡							qiàn 欠 owe
歡	歡	欢	歡	歡	歡	歡	歡	歡

欢	huān: joyfully (喜欢: like) 喜欢						qiàn 欠 owe
欢	歡	欢	欢	欢	欢	欢	欢

球	qiú: ball 打球								yù 玉 (王) jade
球	球	球	球	球	球	球	球	球	球
	球	球							

寫			xiě: write 寫信				mián　宀 roof	
	寫	写	寫	寫	寫	寫	寫	

写			xiě: write 写信				mì　冖 cover	
	寫	写	写	写	写	写	写	

信			xìn: letter 寫信				rén　人 (亻) person	
	信	信	信	信				

子			zǐ: (電子: electron) 電子				zǐ　子 child	
	子	子	子	子	子			

郵	郵	邮	郵 郵 郵 郵 郵 郵 郵 郵 郵	yì 邑（阝） city

yóu: mail 郵件

邮	郵	邮	邮 邮 邮 邮 邮 邮 邮	yì 邑（阝） city

yóu: mail 邮件

件	件	件	件 件 件 件 件 件	rén 人（亻） person

jiàn: letter (郵件: mail) 郵件

地	地	地	地 地 地 地	tǔ 土 earth

dì: land 地址

址			zhǐ: location 地址		tǔ 土 earth
址	址	址 址 址 址 址			

祝			zhù: wish		shì 示 (礻) reveal
祝	祝	祝 祝 祝 祝			

年			nián: year 二〇一〇年		piě 丿 left slanted stroke
年	年	年 年 年 年 年 年			

月			yuè: month 十一月		ròu 肉 (月) meat
月	月	月 月 月 月			

| | rì: day 二十日 | | | | | | | | rì 日
sun | |

Lesson 11   Ordering Food
第十一課 點菜 (第十一课 点菜)

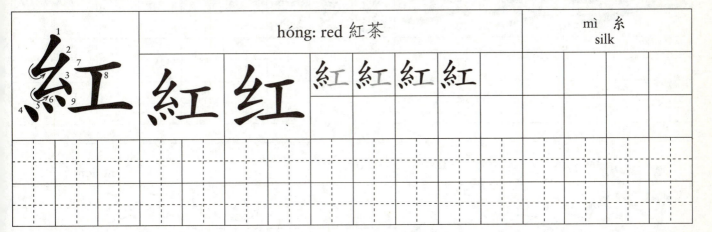

hóng: red 紅茶

mì 糸
silk

hóng: red 红茶

mì 糸 (纟)
silk

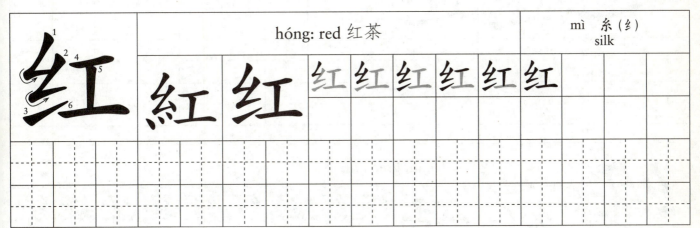

chá: tea 喝茶

cǎo 艸 (艹)
grass

| 還 | 還 还 | 還 還 還 還 還 還 還 還 還 | chuò 辵 (辶) motion |
| | | 還 還 還 | |

hái: (還是: or) 還是

| 还 | 還 还 | 还 还 还 还 还 还 还 | chuò 辵 (辶) motion |

hái: (还是: or) 还是

| 綠 | 綠 绿 | 綠 綠 綠 綠 綠 綠 綠 綠 綠 | mì 糸 silk |

lǜ: green 綠茶

| 绿 | 綠 绿 | 绿 绿 绿 绿 绿 绿 绿 绿 绿 | mì 糸 (纟) silk |
| | | 绿 绿 | |

lǜ: green 绿茶

服	fú: serve 服務員								ròu 肉（月）meat	
	服	服	服	服	服	服	服			

務	wù: be engaged in 服務員								lì 力 strength	
	務	务	務	務	務	務	務	務	務	務
			務	務						

务	wù: be engaged in 服务员								lì 力 strength	
	務	务	务	务	务	务	务			

員	yuán: person 服務員								kǒu 口 mouth	
	員	员	員	員	員	員				

员

yuán: person 服务员

kǒu 口
mouth

员 员 | 员 员 员 员 员 员 员

坐

zuò: sit 請坐

tǔ 土
earth

坐 坐 | 坐 坐 坐 坐 坐 坐 坐

先

xiān: (先生: sir, Mr.) 先生

ér 儿
walking man

先 先 | 先 先 先 先 先 先

喝

hē: drink 喝茶

kǒu 口
mouth

喝 喝 | 喝 喝 喝 喝 喝 喝 喝 喝 喝 喝

| 杯 | bēi: cup 一杯紅茶 | | | | | | mù 木 wood |
| 杯 | 杯 | 杯 | 杯 | 杯 | | | |

| 冰 | bīng: ice 冰紅茶 | | | | | | bīng 冫 ice |
| 冰 | 冰 | 冰 | 冰 | 冰 | 冰 | 冰 | 冰 |

| 水 | shuǐ: water 杯水 | | | | | | shuǐ 水(氵) water |
| 水 | 水 | 水 | 水 | 水 | 水 | | |

| 瓶 | píng: bottle 一瓶 | | | | | | wǎ 瓦 tile |
| 瓶 | 瓶 | 瓶 | 瓶 | 瓶 | 瓶 | 瓶 | 瓶 瓶 瓶 |

樂	樂	乐	lè: happy (可樂: Coke) 可樂								mù 木 wood
			樂	樂	樂	樂	樂	樂	樂	樂	樂
			樂	樂							

乐	樂	乐	lè: happy (可乐: Coke) 可乐				piě ノ left slanted stroke
			乐	乐	乐	乐	乐

麵	麵	面	miàn: noodle 炒麵								mài 麥 wheat
			麵	麵	麵	麵	麵	麵	麵	麵	麵
			麵	麵	麵						

面	麵	面	miàn: noodle 炒面					yī 一 one
			面	面	面	面	面	面	面	面	面

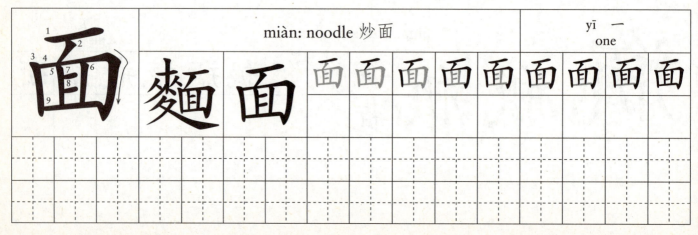

| 餃 | 餃 | 饺 | jiǎo: dumpling 餃子 | | | | 餃 餃 餃 餃 餃 餃 餃 | | | shí 食(飠)
food |

| 饺 | 餃 | 饺 | jiǎo: dumpling 饺子 | | | | 饺 饺 饺 饺 饺 饺 饺 饺 饺 | | | shí 食(饣)
food |

| 盤 | 盤 | 盘 | pán: plate, dish 一盤 | | | | 盤 盤 盤 盤 盤 盤 盤 盤 盤
盤 盤 盤 | | | mǐn 皿
vessel |

| 盘 | 盤 | 盘 | pán: plate, dish 一盘 | | | | 盘 盘 盘 盘 盘 盘 盘 盘 盘
盘 盘 | | | mǐn 皿
vessel |

炒		chǎo: fry 炒飯									huǒ 火 (灬) fire	
	炒	炒	炒	炒	炒	炒	炒	炒	炒	炒		

十		shí: ten 十個餃子					shí 十 ten	
	十	十	十	十				

碗		wǎn: bowl 一碗飯									shí 石 stone	
	碗	碗	碗	碗	碗	碗	碗	碗	碗	碗		
			碗	碗								

湯		tāng: soup 一碗湯							shuǐ 水 (氵) water	
	湯	汤	湯	湯	湯	湯	湯	湯		

		tāng: soup 一碗汤		shuǐ 水 (氵) water
汤	湯 汤	汤 汤 汤 汤 汤 汤		

		shuāng: (M.W.) 一雙筷子		zhuī 隹 short-tailed birds
雙	雙 双	雙 雙 雙 雙		

		shuāng: (M.W.) 一双筷子		yòu 又 right hand
双	雙 双	双 双 双 双		

		kuài: chopsticks 筷子		zhú 竹 (⺮) bamboo
筷	筷 筷	筷 筷 筷 筷 筷 筷		

Each entry lists traditional character, simplified character, Pinyin, English meaning, and lesson number:

1

一	一	yī	one	3

2

人	人	rén	person	3
了	了	le	Part.	3
二	二	èr	two	7
七	七	qī	seven	7
八	八	bā	eight	7
九	九	jiǔ	nine	7
十	十	shí	ten	11

3

也	也	yě	also	1
工	工	gōng	work	4
下	下	xià	down, get off	5
大	大	dà	big	6
小	小	xiǎo	small	7
三	三	sān	three	7
上	上	shàng	get on, go to	8
才	才	cái	not until	10
子	子	zǐ	電子: electron	10

4

不	不	bù	no, not	1
文	文	wén	language	2
中	中	zhōng	middle	2
什	什	shén	什麼: what	2
太	太	tài	too	4
少	少	shǎo	few, little	4
友	友	yǒu	friend	5

介	介	jiè	介紹: introduce	5
五	五	wǔ	five	7
六	六	liù	six	7
手	手	shǒu	hand	7
以	以	yǐ	以後: after, later	8
今	今	jīn	today	8
天	天	tiān	day	8
分	分	fēn	minute	10
午	午	wǔ	noon	10
月	月	yuè	moon, month	10
日	日	rì	sun, day	10
水	水	shuǐ	water	11

5

生	生	shēng	man	1
他	他	tā	he	1
叫	叫	jiào	call	2
本	本	běn	M.W.	4
可	可	kě	but	4
功	功	gōng	功課: homework	4
四	四	sì	four	6
外	外	wài	outside	7
去	去	qù	go	8
打	打	dǎ	strike, beat	9
正	正	zhèng	in the process of	9
半	半	bàn	half	10

6

好	好	hǎo	good, fine	1
生	生	shēng	student	1
老	老	lǎo	old	1
我	我	wǒ	I, me	1
名	名	míng	name	2

時	时	shí	time	9
候	候	hòu	time	9
球	球	qiú	ball	10
員	员	yuán	person	11
瓶	瓶	píng	bottle	11

11

您	您	nín	you (polite way)	2
問	问	wèn	ask	2
國	国	guó	country	3
紹	绍	shào	介紹: introduce	5
常	常	cháng	often	5
從	从	cóng	from	5
宿	宿	sù	stay overnight	7
菜	菜	cài	dish	8
視	视	shì	look at	9
做	做	zuò	do	9
晚	晚	wǎn	late	9
郵	邮	yóu	mail	10
務	务	wù	be engaged in	11

12

貴	贵	guì	honored, expensive	2
程	程	chéng	工程: engineering	4
幾	几	jǐ	how many	5
間	间	jiān	room	7
飯	饭	fàn	rice, meal	8
喂	喂	wèi/wéi	hello	9
等	等	děng	wait	9
道	道	dào	road, talk	9
就	就	jiù	Adv.	9
給	给	gěi	give, for, to	9
期	期	qī	period	10
然	然	rán	然後: then	10
喜	喜	xǐ	like	10
喝	喝	hē	drink	11
湯	汤	tāng	soup	11

13

嗎	吗	ma	Part.	1
會	会	huì	can	3
跟	跟	gēn	with	5

媽	妈	mā	mother	6
愛	爱	ài	love	6
號	号	hào	number	7
電	电	diàn	electricity	7
話	话	huà	word, speech	7
想	想	xiǎng	think	8
網	网	wǎng	net	9
睡	睡	shuì	sleep	10
碗	碗	wǎn	bowl	11
筷	筷	kuài	chopsticks	11

14

麼	么	me	什麼: what	2
對	对	duì	correct	3
說	说	shuō	speak	3
認	认	rèn	recognize	8
圖	图	tú	picture	10
綠	绿	lǜ	green	11
餃	饺	jiǎo	dumpling	11

15

請	请	qǐng	please	2
誰	谁	shuí	who	2
課	课	kè	class	4
輛	辆	liàng	M.W.	6
碼	码	mǎ	code	7
樣	样	yàng	appearance	8
寫	写	xiě	write	10
樂	乐	lè	happy	11
盤	盘	pán	plate, dish	11

16

學	学	xué	study, learn	1
機	机	jī	machine	7
館	馆	guǎn	house, hall	10
還	还	hái	還是: or	11

17

| 點 | 点 | diǎn | dot | 3 |
| 謝 | 谢 | xiè | thank | 9 |

18

| 雙 | 双 | shuāng | M.W. | 11 |

19

| 難 | 难 | nán | difficult | 4 |
| 識 | 识 | shí | know, recognize | 8 |

20

| 覺 | 觉 | jiào | sleep | 10 |
| 麵 | 面 | miàn | noodle | 11 |

21

| 歡 | 欢 | huān | joyfully | 10 |

Each entry lists simplified character, traditional character, Pinyin, English meaning, and lesson number:

1

一	一	yī	one	3

2

人	人	rén	person	3
了	了	le	Part.	3
儿	兒	ér	(retroflex ending)	3
几	幾	jǐ	how many	5
二	二	èr	two	7
七	七	qī	seven	7
八	八	bā	eight	7
九	九	jiǔ	nine	7
十	十	shí	ten	11

3

也	也	yě	also	1
么	麼	me	什么: what	2
工	工	gōng	work	4
下	下	xià	down, get off	5
个	個	gè	M.W.	5
大	大	dà	big	6
小	小	xiǎo	small	7
三	三	sān	three	7
上	上	shàng	get on, go to	8
门	門	mén	M.W.	10
才	才	cái	not until	10
子	子	zǐ	电子: electron	10

4

不	不	bù	no, not	1
文	文	wén	language	2
中	中	zhōng	middle	2
什	什	shén	什么: what	2
书	書	shū	book	4
太	太	tài	too	4
少	少	shǎo	few, little	4
从	從	cóng	from	5
友	友	yǒu	friend	5
介	介	jiè	介绍: introduce	5
车	車	chē	vehicle	6
五	五	wǔ	five	7
六	六	liù	six	7
手	手	shǒu	hand	7
认	認	rèn	recognize	8
以	以	yǐ	以后: after, later	8
今	今	jīn	today	8
天	天	tiān	day	8
见	見	jiàn	see	8
分	分	fēn	minute	10
午	午	wǔ	noon	10
月	月	yuè	moon, month	10
日	日	rì	sun, day	10
双	雙	shuāng	M.W.	11
水	水	shuǐ	water	11

5

生	生	shēng	man	1
他	他	tā	he	1
叫	叫	jiào	call	2
对	對	duì	correct	3
本	本	běn	M.W.	4
可	可	kě	but	4
功	功	gōng	功课: homework	4
们	們	mén	(suffix)	4
四	四	sì	four	6
只	隻	zhī	M.W.	6

号	號	hào	number	7
电	電	diàn	electricity	7
外	外	wài	outside	7
去	去	qù	go	8
正	正	zhèng	in the process of	9
打	打	dǎ	strike, beat	9
半	半	bàn	half	10
写	寫	xiě	write	10
务	務	wù	be engaged in	11
乐	樂	lè	happy	11

6

好	好	hǎo	good, fine	1
生	生	shēng	student	1
吗	嗎	ma	Part.	1
我	我	wǒ	I, me	1
老	老	lǎo	old	1
师	師	shī	teacher	1
问	問	wèn	ask	2
名	名	míng	name	2
字	字	zì	character, word	2
她	她	tā	she, her	2
同	同	tóng	same	2
会	會	huì	can	3
那	那	nà	that	4
多	多	duō	many, much	4
有	有	yǒu	have	5
在	在	zài	at, in	6
妈	媽	mā	mother	6
机	機	jī	machine	7
后	後	hòu	later, after	8
回	回	huí	return	8
吃	吃	chī	eat	8
次	次	cì	order, sequence	8
行	行	xíng	okay	8
再	再	zài	again	8
忙	忙	máng	busy	9
网	網	wǎng	net	9
欢	歡	huān	joyfully	10
件	件	jiàn	M.W.	10
地	地	dì	land	10
年	年	nián	year	10
红	紅	hóng	red	11
先	先	xiān	先生: sir, Mr.	11

冰	冰	bīng	ice	11
汤	湯	tāng	soup	11

7

你	你	nǐ	you	1
这	這	zhè	this	4
来	來	lái	come	5
两	兩	liǎng	two	5
作	作	zuò	工作: work	6
男	男	nán	male	6
没	沒	méi	do not have	6
住	住	zhù	live	7
间	間	jiān	room	7
识	識	shí	know, recognize	8
饭	飯	fàn	rice, meal	8
位	位	wèi	M.W.	9
吧	吧	ba	Part.	9
言	言	yán	speech, words	9
时	時	shí	time	9
每	每	měi	each, every	10
床	床	chuáng	bed	10
邮	郵	yóu	mail	10
址	址	zhǐ	location	10
还	還	hái	还是: or	11
员	員	yuán	person	11
坐	坐	zuò	sit	11

8

学	學	xué	study, learn	1
呢	呢	ne	Part.	1
姓	姓	xìng	family name	2
的	的	de	Part.	2
英	英	yīng	英文: English	2
国	國	guó	country	3
法	法	fǎ	法国: France	3
和	和	hé	and	3
朋	朋	péng	friend	5
绍	紹	shào	介绍: introduce	5
爸	爸	bà	father	6
姐	姐	jiě	older sister	6
狗	狗	gǒu	dog	6
舍	舍	shè	house	7
房	房	fáng	house	7

话	話	huà	word, speech	7
码	碼	mǎ	code	7
事	事	shì	thing	8
知	知	zhī	know	9
视	視	shì	look at	9
刻	刻	kè	a quarter	10
图	圖	tú	picture	10
服	服	fú	serve	11
杯	杯	bēi	cup, glass	11
炒	炒	chǎo	stir-fry	11

9

是	是	shì	be; yes	1
贵	貴	guì	honored, expensive	2
很	很	hěn	very	3
美	美	měi	beautiful	3
说	說	shuō	speak	3
点	點	diǎn	dot	3
室	室	shì	room	5
怎	怎	zěn	怎么: how	8
看	看	kàn	look	9
要	要	yào	want	9
给	給	gěi	give, for, to	9
活	活	huó	live	10
觉	覺	jiào	sleep	10
信	信	xìn	letter	10
祝	祝	zhù	wish	10
茶	茶	chá	tea	11
面	麵	miàn	noodle	11
饺	餃	jiǎo	dumpling	11

10

请	請	qǐng	please	2
谁	誰	shuí	who	2
难	難	nán	difficult	4
课	課	kè	class	4
都	都	dōu	all	5
家	家	jiā	home, family	6
爱	愛	ài	love	6

校	校	xiào	school	7
起	起	qǐ	一起: together	8
样	樣	yàng	appearance	8
留	留	liú	leave, remain	9
候	候	hòu	time	9
球	球	qiú	ball	10
瓶	瓶	píng	bottle	11

11

您	您	nín	you (polite way)	2
常	常	cháng	often	5
辆	輛	liàng	M.W.	6
宿	宿	sù	stay overnight	7
菜	菜	cài	dish	8
做	做	zuò	do	9
晚	晚	wǎn	late	9
馆	館	guǎn	house, hall	10
绿	綠	lǜ	green	11
盘	盤	pán	plate, dish	11

12

程	程	chéng	工程: engineering	4
喂	喂	wèi/wéi	hello	9
等	等	děng	wait	9
道	道	dào	road, talk	9
谢	謝	xiè	thank	9
就	就	jiù	Adv.	9
期	期	qī	period	10
然	然	rán	然后: then	10
喜	喜	xǐ	like	10
喝	喝	hē	drink	11

13

跟	跟	gēn	with	5
想	想	xiǎng	think	8
睡	睡	shuì	sleep	10
碗	碗	wǎn	bowl	11
筷	筷	kuài	chopsticks	11

Each entry lists traditional character, simplified character, Pinyin, and English meaning:

Lesson 1

你	你	nǐ	you
好	好	hǎo	good
是	是	shì	is, are
學	学	xué	study
生	生	shēng	student
嗎	吗	ma	Part.
我	我	wǒ	I, me
呢	呢	ne	Part.
也	也	yě	also, too
他	他	tā	he, him
不	不	bù	not
老	老	lǎo	old
師	师	shī	teacher

Lesson 2

您	您	nín	(polite) you
貴	贵	guì	noble, honored
姓	姓	xìng	family name
請	请	qǐng	please
問	问	wèn	ask
的	的	de	Part.
英	英	yīng	英文: English
文	文	wén	language, writing
名	名	míng	name
字	字	zì	character, word
中	中	zhōng	middle
叫	叫	jiào	call
什	什	shén	什麼: what
麼	么	me	什麼: what
她	她	tā	she, her
誰	谁	shéi	who, whom
同	同	tóng	same, similar

Lesson 3

哪	哪	nǎ	which
國	国	guó	country
人	人	rén	person
很	很	hěn	very
對	对	duì	correct
了	了	le	Part.
法	法	fǎ	法國: France
美	美	měi	beautiful
說	说	shuō	speak
會	会	huì	be able to
一	一	yī	one
點	点	diǎn	dot
兒	儿	ér	(retroflex ending)
和	和	hé	and

Lesson 4

那	那	nà	that
書	书	shū	book
這	这	zhè	this
本	本	běn	M.W.
工	工	gōng	work
程	程	chéng	工程: engineering
難	难	nán	difficult
太	太	tài	too
可	可	kě	but
功	功	gōng	功課: homework
課	课	kè	class
多	多	duō	many, much
們	们	men	(suffix)
少	少	shǎo	few, little

Lesson 5

朋友來介紹下室有幾兩個都常跟	朋友来介绍下室有几两个都常跟		
		péng	friend
		yǒu	friend
		lái	come
		jiè	介紹: introduce
		shào	介紹: introduce
		xià	down; get off
		shì	room
		yǒu	have
		jǐ	how many
		liǎng	two
		gè	M.W.
		dōu	all; both
		cháng	often
		gēn	with

Lesson 6

家大從在四爸媽姐作男沒輛車隻狗愛	家大从在四爸妈姐作男没辆车只狗爱		
		jiā	home
		dà	big
		cóng	from
		zài	at, in
		sì	four
		bà	dad
		mā	mom
		jiě	older sister
		zuò	工作: work
		nán	male
		méi	don't have
		liàng	M.W. for vehicles
		chē	car
		zhī	M.W.
		gǒu	dog
		ài	love

Lesson 7

住宿舍號房間電	住宿舍号房间电		
		zhù	live
		sù	stay overnight
		shè	house
		hào	number
		fáng	house
		jiān	room
		diàn	electricity

話小碼二三五六七八九手機校外	话小码二三五六七八九手机校外		
		huà	word
		xiǎo	small
		mǎ	number
		èr	two
		sān	three
		wǔ	five
		liù	six
		qī	seven
		bā	eight
		jiǔ	nine
		shǒu	hand
		jī	machine
		xiào	school
		wài	outside

Lesson 8

認識去上以後事想回起吃飯菜今天次怎樣行再見	认识去上以后事想回起吃饭菜今天次怎样行再见		
		rèn	know, recognize
		shí	know, recognize
		qù	go
		shàng	get on, attend
		yǐ	以後: after, later
		hòu	behind
		shì	matter, thing
		xiǎng	want, think
		huí	return
		qǐ	一起: together
		chī	eat
		fàn	rice, meal
		cài	dish
		jīn	today
		tiān	day
		cì	order, sequence
		zěn	how
		yàng	appearance
		xíng	okay
		zài	again
		jiàn	see

Lesson 9

打喂等	打喂等		
		dǎ	hit, play, make
		wèi/wéi	hello, hey
		děng	wait

知	知	zhī	know
道	道	dào	road, walk
謝	谢	xiè	thanks
吧	吧	ba	Part.
忙	忙	máng	busy
正	正	zhèng	in process of
看	看	kàn	see, watch
視	视	shì	look
做	做	zuò	do
網	网	wǎng	net
就	就	jiù	Adv.
位	位	wèi	M.W.
留	留	liú	leave, remain
言	言	yán	speech, words
時	时	shí	time
候	候	hòu	time
晚	晚	wǎn	night, late
要	要	yào	want
給	给	gěi	give; for, to

Lesson 10

活	活	huó	live
期	期	qī	a period of time
門	门	mén	M.W.
每	每	měi	every, each
床	床	chuáng	bed
睡	睡	shuì	sleep
覺	觉	jiào	sleep
半	半	bàn	half
才	才	cái	Adv.
刻	刻	kè	a quarter
分	分	fēn	minute
然	然	rán	然後: then
圖	图	tú	picture
館	馆	guǎn	house, hall
午	午	wǔ	noon
喜	喜	xǐ	happy; like
歡	欢	huān	joyfully

球	球	qiú	ball
寫	写	xiě	write
信	信	xìn	letter
子	子	zǐ	(suffix)
郵	邮	yóu	mail
件	件	jiàn	letter
地	地	dì	land
址	址	zhǐ	location
祝	祝	zhù	wish
年	年	nián	year
月	月	yuè	month
日	日	rì	day

Lesson 11

紅	红	hóng	red
茶	茶	chá	tea
還	还	hái	還是: or
綠	绿	lǜ	green
服	服	fú	serve
務	务	wù	be engaged in
員	员	yuán	person
坐	坐	zuò	sit
先	先	xiān	先生: sir, Mr.
喝	喝	hē	drink
杯	杯	bēi	cup
冰	冰	bīng	ice
水	水	shuǐ	water
瓶	瓶	píng	bottle
樂	乐	lè	happy
麵	面	miàn	noodle
餃	饺	jiǎo	dumpling
盤	盘	pán	plate
炒	炒	chǎo	fry
十	十	shí	ten
碗	碗	wǎn	bowl
湯	汤	tāng	soup
雙	双	shuāng	pair
筷	筷	kuài	chopsticks

Each entry lists traditional character, simplified character, Pinyin, English meaning, and lesson number:

A

愛	爱	ài	love	6

B

吧	吧	ba	Part.	9
八	八	bā	eight	7
爸	爸	bà	dad	6
半	半	bàn	half	10
杯	杯	bēi	cup	11
本	本	běn	M.W.	4
冰	冰	bīng	ice	11
不	不	bù	no, not	1

C

才	才	cái	Adv.	10
菜	菜	cài	dish	8
茶	茶	chá	tea	11
常	常	cháng	often	5
炒	炒	chǎo	fry	11
車	车	chē	car	6
程	程	chéng	工程: engineering	4
吃	吃	chī	eat	8
床	床	chuáng	bed	10
次	次	cì	order, sequence	8
從	从	cóng	from	6

D

打	打	dǎ	hit, play	9
大	大	dà	big	6
道	道	dào	知道: know	9
的	的	de	Part.	2
等	等	děng	wait	9
地	地	dì	land	10
點	点	diǎn	dot	3
電	电	diàn	electricity	7
都	都	dōu	all, both	5
對	对	duì	correct	3
多	多	duō	many, much	4

E

兒	儿	ér	(retroflex ending)	3
二	二	èr	two	7

F

法	法	fǎ	法國: France	3
飯	饭	fàn	meal	8
房	房	fáng	house	7
分	分	fēn	minute	10
服	服	fú	serve	11

G

個	个	gè	M.W.	5
給	给	gěi	give	9
跟	跟	gēn	with	5
工	工	gōng	work	4
功	功	gōng	功課: assignment	4
狗	狗	gǒu	dog	6
館	馆	guǎn	house, hall	10
貴	贵	guì	honor, expensive	2
國	国	guó	country	3

H

還	还	hái	還是: or	11
好	好	hǎo	good	1
號	号	hào	number	7
喝	喝	hē	drink	11

繁	简	Pinyin	English	Ch.
和	和	hé	and	3
很	很	hěn	very	3
紅	红	hóng	red	11
後	后	hòu	behind	8
候	候	hòu	時候: time	9
話	话	huà	word	7
歡	欢	huān	joyful	10
回	回	huí	return	8
會	会	huì	can	3
活	活	huó	live	10

J

繁	简	Pinyin	English	Ch.
機	机	jī	machine	7
幾	几	jǐ	how many	5
家	家	jiā	home	6
間	间	jiān	room	7
見	见	jiàn	see	8
件	件	jiàn	郵件: letter	10
餃	饺	jiǎo	dumpling	11
叫	叫	jiào	call	2
覺	觉	jiào	sleep	10
姐	姐	jiě	older sister	6
介	介	jiè	介紹: introduce	5
今	今	jīn	now, this	8
九	九	jiǔ	nine	7
就	就	jiù	Adv.	9
覺	觉	jué	feel	10

K

繁	简	Pinyin	English	Ch.
看	看	kàn	see, watch	9
可	可	kě	but	4
課	课	kè	class	4
刻	刻	kè	a quarter	10
筷	筷	kuài	chopsticks	11

L

繁	简	Pinyin	English	Ch.
來	来	lái	come	5
老	老	lǎo	老師: teacher	1
了	了	le	Part.	3
樂	乐	lè	happy	11
兩	两	liǎng	two	5

繁	简	Pinyin	English	Ch.
輛	辆	liàng	M.W.	6
留	留	liú	leave	9
六	六	liù	six	7
綠	绿	lǜ	green	11

M

繁	简	Pinyin	English	Ch.
嗎	吗	ma	Part.	1
媽	妈	mā	mom	6
碼	码	mǎ	code	7
忙	忙	máng	busy	9
麼	么	me	什麼: what	2
沒	没	méi	no	6
美	美	měi	美國: USA	3
每	每	měi	every	10
們	们	men	(suffix)	4
門	门	mén	M.W.	10
麵	面	miàn	noodle	11
名	名	míng	name	2

N

繁	简	Pinyin	English	Ch.
哪	哪	nǎ	which	3
那	那	nà	that	4
難	难	nán	difficult	4
男	男	nán	male	6
呢	呢	ne	Part.	1
你	你	nǐ	you	1
年	年	nián	year	10
您	您	nín	(polite) you	2

P

繁	简	Pinyin	English	Ch.
盤	盘	pán	dish	11
朋	朋	péng	朋友: friend	5
瓶	瓶	píng	bottle	11

Q

繁	简	Pinyin	English	Ch.
七	七	qī	seven	7
期	期	qī	a period of time	10
起	起	qǐ	一起: together	8
請	请	qǐng	please	2

球	球	qiú	ball	10	
去	去	qù	go	8	

R

然	然	rán	然後: then	10
人	人	rén	person	3
認	认	rèn	認識: know	8
日	日	rì	day	10

S

三	三	sān	three	7
上	上	shàng	on, go to	8
少	少	shǎo	few, little	4
紹	绍	shào	介紹: introduce	5
舍	舍	shè	house, shed	7
誰	谁	shéi	who	2
什	什	shén	什麼: what	2
生	生	shēng	學生: student	1
師	师	shī	老師: teacher	1
識	识	shí	know, recognize	8
時	时	shí	time	9
十	十	shí	ten	11
是	是	shì	to be, yes	1
室	室	shì	room	5
事	事	shì	matter, thing	8
視	视	shì	look at	9
手	手	shǒu	hand	7
書	书	shū	book	4
雙	双	shuāng	pair	11
水	水	shuǐ	water	11
睡	睡	shuì	sleep	10
說	说	shuō	speak	3
四	四	sì	four	6
宿	宿	sù	stay overnight	7

T

他	他	tā	he, him	1
她	她	tā	she, her	2
太	太	tài	too	4
湯	汤	tāng	soup	11
天	天	tiān	day	8

同	同	tóng	same	2
圖	图	tú	picture	10

W

外	外	wài	outside	7
晚	晚	wǎn	night	9
碗	碗	wǎn	bowl	11
網	网	wǎng	net	9
喂	喂	wèi/wéi	hello	9
位	位	wèi	M.W.	9
文	文	wén	language	2
問	问	wèn	ask	2
我	我	wǒ	I, me	1
五	五	wǔ	five	7
午	午	wǔ	noon	10
務	务	wù	服務: serve	11

X

喜	喜	xǐ	happy, like	10
下	下	xià	down, get off	5
先	先	xiān	先生: sir, Mr.	11
想	想	xiǎng	want	8
小	小	xiǎo	small	7
校	校	xiào	school	7
寫	写	xiě	write	10
謝	谢	xiè	thank	9
信	信	xìn	letter	10
行	行	xíng	okay	8
姓	姓	xìng	surname	2
學	学	xué	study	1

Y

言	言	yán	speech, word	9
樣	样	yàng	appearance	8
要	要	yào	want, will	9
也	也	yě	also	1
一	一	yī	one	3
以	以	yǐ	以後: afterwards	8
英	英	yīng	英文: English	2
郵	邮	yóu	mail	10
友	友	yǒu	friend	5

有	有	yǒu	have	5
員	员	yuán	person	11
月	月	yuè	month, moon	10

Z

在	在	zài	at, in	6
再	再	zài	again	8
怎	怎	zěn	how	8
這	这	zhè	this	4
正	正	zhèng	in process of	9

隻	只	zhī	M.W.	6
知	知	zhī	know	9
址	址	zhǐ	location	10
中	中	zhōng	middle	2
住	住	zhù	live	7
祝	祝	zhù	wish	10
子	子	zǐ	(suffix)	10
字	字	zì	character	2
作	作	zuò	工作: work	6
做	做	zuò	do	9
坐	坐	zuò	sit	11

1 stroke

一 [yī] one   丿 [piě] left slanted stroke

2 strokes

二 [èr] two   八 [bā] eight   刀/刂 [dāo] knife

人/亻 [rén] person   冫 [bīng] ice   厶 [sī] private

儿 [ér] walking man 力 [lì] strength   又 [yòu] right hand

入 [rù] enter   冂 [jiōng] borders   十 [shí] ten

3 strokes

彳 [chì] step   巾 [jīn] napkin   大 [dà] big

小 [xiǎo] small   口 [kǒu] mouth   女 [nǚ] female

囗 [wéi] enclosure   宀 [mián] roof   山 [shān] mountain

土 [tǔ] earth   夕 [xī] night   广 [yǎn] shelter

子 [zǐ] child   寸 [cùn] inch   幺 [yāo] small

4 strokes

水/氵 [shuǐ] water   犬/犭 [quǎn] dog   心/忄 [xīn] heart

火/灬 [huǒ] fire   户 [hù] door   气 [qì] air

木 [mù] wood   日 [rì] sun, day   月 [yuè] moon

手/扌 [shǒu] hand   父 [fù] father   曰 [yuē] say

爪/爫 [zhǎo] claw   止 [zhǐ] stop   欠 [qiàn] owe

5 strokes

石 [shí] stone

禾 [hé] grain

示/礻 [shì] reveal

皿 [mǐn] vessel

疒 [chuáng] sick

玉/王 [yù] jade

目 [mù] eye

田 [tián] land

母 [mǔ] mother

生 [shēng] produce

6 strokes

舟 [zhōu] boat

肉/月 [ròu] meat

米 [mǐ] rice

艸/艹 [cǎo] grass

耳 [ěr] ear

竹/⺮ [zhú] bamboo

衣/衤 [yī] clothing

糸/纟 [mì] silk

老/耂 [lǎo] old

7 strokes

車/车 [chē] vehicle

言/讠 [yán] words, speech

貝/贝 [bèi] shell

足/⻊ [zú] foot

邑/阝 [yì] city

見 [jiàn] see

辵/辶 [chuò] motion

8 strokes

門/门 [mén] door

隹 [zhuī] short-tailed birds

金/钅 [jīn] metal

雨 [yǔ] rain

9 strokes

食/饣 [shí] food/eat

10 strokes

馬/马 [mǎ] horse

11 strokes

魚 [yú] fish

麥/麦 [mài] wheat

麻 [má] hemp

12 strokes

黑 [hēi] black

Name: _____ Date: _____

100

105